THÈSE

DE

LICENCE.

MEIS

AMICIS.

ACTE PUBLIC

POUR

LA LICENCE

En exécution de l'Article 4, Titre 2, de la Loi du 22 Ventôse an XII.

SOUTENU

Par M. de GAURAN (François),

Né à Auch (Gers).

TOULOUSE,

Typographie Troyes OUVRIERS REUNIS ,
Rue Saint-Pantaléon , 3.

—

1858.

Jus Romanum.

De auctoritate et consensu tutorum.

Dig. Lib. 36 Tit. VIII. — Inst. Lib. 1. Tit. XXI.

Auctoritatem interponere nihil aliud est quam personam pupilli augere, et ideo rectè dici potest tutorem auctoritatem suam præstare posse cum pupillus ipse negotium inchoare possit. Undè eveniebat ut in primis temporibus fas non erat tutori ipse gerendo rem pupillarem administrare, quia augere non poterat personam pupilli omnimodò judicio carentis ; quod enim nullum est integrari nequit; sed paulò post tutor loco domini res pupillares gerere potuit. — Quibus in causis illa sit necessaria, — quomodo interponi debeat, — quo casu interponi non possit videamus.

§ 1. — *Quibus in causis necessaria sit tutoris auctoritas.*

Cum plures sint tutores sunt quædam negotia quæ ab uno tutore perfici possunt, ea scilicet quæ ad bonorum gubernationem pertinent. Prætor enim ut major vis et ordo sit administrationi, unius in manum illam transfert ; ergo si quid unus ex tutoribus administraverit nulla ipsi rem gerenti necessaria est auctoritas. Sunt quædam in quibus a cæteris tutoribus agenti pupillo auctor tantum tutor esse debet. Sin autem negotia tantum ad administrationem spectantia omittamus, videndum est an in cæteris causis simili modo requiratur tutoris auctoritas. Si enim intervenerit negotium quo pupilli conditio deterior fieri possit, necesse est ut tutoris adhibeatur auctoritas; non autem tutor ipse negotium gerit , sed auctor est ut pupillus gerat.

Tum modo tutor auctor esse debet , cum ad utilitatem pupilli aut commodum res vertere possit. Si verò conditio melior versetur, pupilli tutoris auctoritas supervacua est.

Cum autem de auctoritate interponenda agitur, liberum est tutori interponere arbitrio suo auctoritatem aut illam denegare ; nec poterit Prætor tutore nolente personam pupilli augere. Sed omnimodo securus erit pupillus, nam tutor si fraudulenter aut imbecilliter auctoritatem suam negaverit, judicio tutelæ conveniri poterit cum cessaverit tutela.

Rectè igitur agit pupillus sine tutore auctore cum meliorem suam facit conditionem. An autem conditionem suam meliorem faciat pupillus aliquoiès quæritur, veluti cum de contractu synallagmatico agitur; id est de emptione, locatione mandato; tum adversus se aliquem obligat, sed simul ipse adversus eumdem obligatur, idéòque necessaria est tutoris auctoritas. Si abfuerit, a solo pupillo resolvi potest obligatio. Sed haud dubium est quin si fortè de venditione agatur de restituenda re teneatur si rem acceperit nec pretium solvere velit; nemo enim detrimento alterius locupletior fieri potest. Contractum modo seu perficere, seu rumpere pupillus non autem obligationem dividere potest. Ex omnibus illis fit ut quotiescumque à pupillo quis stipuletur toties tutoris auctoritas necessaria est. Hæreditatem vèro quamvis nec ullum damnum habeat sine auctoritate tutoris pupillus adire non potest; et ita fit ex judicio multorum, quia ex hæreditate quamvis lucrosa persæpe à defuncto obligationes oriuntur quæ apud pupillum sine auctoritate tutoris transferri nequeunt. Idem jus est ex fidei commisso hæreditatibus et bonorum po-

— 5

sessioni; nulla autem pupillo suo hæredi invitoque hæreditatem adeunti
necessaria est auctoritas.

§ II. — *Quomodo interponi debeat.*

Duo necessaria sunt ut valeat illa auctoritas, ut tutor in negotio quod
cum pupillo geritur, præsens sit; et ideo per *nuntium* aut per litteram
auctoritatem interponendo nihil agit tutor; requiritur adhuc ut statim
atque peractum est auctor fiat, id est nondum perfecto negotio, non ergo
necesse est ut auctoritas negotium antecedat, oportet enim quandam in-
cepti contractus esse partem ut ad illum major vis adjungatur. Imò et
perfecto jam negotio auctoritas adhiberi poterit, dummodò hoc statim
fiatur et non ex intervallo, si auctoritas ex intervallo intervenisset duo
forent separatim acta. Scilicet obligatio pupilli et auctoritas tutoris qua-
rum hac tardiore illa infirmaretur.

Præsentia ideo desideratur ut certo cognoscat tutor quid negotii gera-
tur; unde evenit ut rem a pupillo sine tutore auctore actam non possit
ratam post tempus habere tutor. Itaque tutor, quoniam lucrosis tantum
pro negotiis auctor esse debeat adhuc calente negotio, id est cum illius
utilitatem æstimare possit præsens esse debet. Hæc auctoritas non ex si-
lentio, sed tantummodo expressa voluntate oritur.

Non autem sub conditione, quia tum usque ad conditionis eventum sus-
pensa maneret dari non potest. Purè igitur auctoritatem tutor præstare
debet, nihil tamen impedit quin tutor purè auctoritatem suam præstet in
negotiis sub conditione a pupillo peractis. Tunc enim conditio non in auctoritate incidit, sed tantum in negotio et permittitur pupillo non tantum
purè sed etiam sub conditione contrahere. Quæ de conditione diximus et
similiter vera sunt si de die seu termino quæramus, et ideò tutor non ex
die vel ad diem auctor esse poterit.

§ III. — *Quo casu interponi non potest.*

« Si inter tutorem pupillumque judicium agendum sit, quia ipse tutor

» in rem suam auctor esse non potest; non prætorius tutor ut olim cons-
» tituitur, sed curator in locum ejus datur, quo curatore interveniendo
» judicium peragatur et eo peracto tutor esse desinit. » Necesse est autem ut curator detur, quando inter tutorem pupillumque res agatur; si
modo unus sit tutor. Si enim plures essent nisi cum omnibus pupillo
lis sit unus ex eis auctor erit. Ideòque si inter tutorem et pupillum res
sit tutor ille in rem suam auctoritatem accommodare non potest. Et in
casu proposito hoc absurdi inveniret ut idem in eodem negotio et auctor
esset et reus. Olim quando cum tutore suo negotium erat pupillo, tutor
ad hoc a prætore dabatur, qui ob eam causam prætorianus appellabatur;
idque contrarium erat juri quo defensum erat, sive pupillo tutorem jam
habenti sive pro negotio nundum perfectò tutorem dare. Hæc autem de-
fensio omittebatur quotiescumque ipse tutor legitimus auctor esse non
poterat pro negotio in quo a quolibet tutore auctoritas venire debebat ad
adeundam scilicet, hæreditatem seu directam, seu fideicommissariam.
Postquam judicia extraordinaria cæperunt sublato solemni veterum for-
mularum ritu, quæ per quemvis procuratorem expediri potuerunt, ad
ea tractanda et curatorem dari sufficere visum est.

Aliquando tamen quæri potest an verè tutor tanquam in rem suam auctor appareat, nulla valdè erit dubitatio cum de lite inter pupillum et tutorem orta quæstio erit; at non idem in multis aliis casibus : tutor auctor esse non poterit cum negotium de quo agitur inter pupillum et personam tutori subjectam veluti filium aut filiam contrahetur. Tutor non
poterit adhuc per interpositam personam cum pupillo contrahere, et si
hoc fecerit, nulla erit pupilli obligatio, sed hoc probare debet pupillus.

Ex eo quod in rem suam auctor esse nequit tutor evenit ut nunquam
auctoritatem præstare poterit, cum ex negotio pupillus debitor tutoris fieri
debuerit. Et ideò si hæres factus esset pupillus a Titio debitore tutoris si
solvendo non sit testator, rectè dici potest tutorem non posse auctoritatem
suam pupillo accommodare volenti hæreditatem adire cum ex hac adi-
tione pupillus debitor tutoris esse incipiet. Si tamen hunc casum omittamus, generaliter accipitur ut tutor pupillo auctoritatem præstare possit in adeundam hæreditatem, quamvis sit ipse tutor creditor hæredi-
tarius.

§ IV. — *An naturaliter teneatur pupillus qui sine auctoritate tutoris contraxerit.*

Valdè in hac quæstione dubitatur. Secundum quorumdam sententiam tenetur pupillus naturaliter cum est pubertati proximus, non autem cum est infans aut infantiæ proximus. Aliis autem placuit pupillum non alias naturaliter teneri quam si locupletior factus sit; quod non est verum; aliquando enim accidere potest ut pupillus non locupletior factus sit, et tamen rectè naturaliter teneatur.

Secundum denique alteram sententiam obligatio pupilli qui sine tutoris auctoritate contraxit naturaliter valet contra tertios, et ideo fidejussoribus et pignoribus firmari poterit; nullum autem contra pupillum effectum producet.

Aliæ quoque sunt sententiæ, sed melius videtur novissimam sequi interpretationem quæ sic exponi potest :

Pupillus alienando sine tutoris auctoritate nihil agit et ideo rectè pupillus qui sine tutore auctore alienavit vindicare poterit, nam nec naturaliter tenetur. Sin autem negotium aliquod gesserit pupillus naturaliter tenebitur dummodo nulla ex hoc negotio secuta fuerit alienatio.

Tamen objicitur quod compensatio quæ propter debitum naturale admittitur; in hoc casu contra pupillum admitti debebit magno detrimento pupilli. At respondemus compensatiouem ex pari causa tantum admitti deberi quo casu cum retentionis jure confunditur et ideo salva erit res pupilli.

Tutor in rem suam auctor esse non potest, quod suprâ ostendimus quid tamen si pupillus tutori suo promiserit, quia fortassè mutuam pecuniam dederit pupillo tutor? Et rectè dicitur pupillum in hoc casu naturaliter erga tutorem teneri.

POSITIONES.

1º Pupillus infantiæ major stipulari potest sine tutoris auctoritate sed non potest obligari.

2º Tutor non rectè adhibet auctoritatem cum negotium ipsius interest, sed aliter esset cum emolumentum percipit per consequentias, velut cum auctoritatem dat ut adeatur hereditas cujus creditor est.

Code Napoléon.

Titre XVIII.

Des priviléges et hypothèques.

(Art. 2095, 2113)

Art. 2095. — « Le privilège est un droit que la qualité de la créance
« donne à un créancier d'être préféré aux autres créanciers même hy-
« pothécaires. »

Nous trouvons dans l'article (2095) les deux caractères distinctifs du
privilège : Le premier de ces caractères est que ce droit est attribué à une
créance par suite de sa qualité elle-même ; la convention sera impuis-
sante pour l'attribuer, la loi seule le donne lorsque la créance contient
les caractères qu'elle exige. Le second caractère du privilège est que le
créancier privilégié est préféré à tous autres, même aux créanciers hypothécaires, quelle que soit la date de leur créance, le privilège le plus ré-
cent pourra primer la créance la plus ancienne. On disait dans l'ancienne

jurisprudence, en parlant du privilège — *œstimantur non ex tempore sed ex causd.*

Le Code divise les privilèges en trois classes : la première comprend es privilèges généraux , c'est-à-dire ceux qui portent sur tous les meubles , et subsidiairement sur tous les immeubles du débiteur — art. 2101, 2104 et 2105. — La seconde , les privilèges spéciaux sur certains meubles (art. 2102.) La troisième , les privilèges spéciaux sur certains immeubles (art. 2103.) Il n'y a pas de privilèges généraux sur tous les meubles seulement , ni sur tous les immeubles seulement.

SECTION PREMIERE.

Des privilèges sur les meubles.

§ I. *Des privilèges généraux sur les meubles.*

L'art. 2101 en énumère cinq.

I. *Les frais de justice.* — La loi n'a pas eu en vue tous les frais quelconques exposés en justice par un créancier, et ceux-là seulement seront privilégiés qui auront été faits dans l'intérêt commun de tous les créanciers, comme les frais de scellés , d'inventaire, de saisie, de gardien , d'affiches , d'insertion dans les journaux , etc. — Tous ont profité de ces déboursés ; il est juste qu'ils soient prélevés sur la masse commune.

Les frais faits dans l'intérêt exclusif d'un créancier, comme ceux qu'un créancier a été obligé de débourser pour faire reconnaître sa créance ou pour la rendre exécutoire, ne sont pas privilégiés, puisqu'ils n'ont pas pour objet l'intérêt de tous : ils seront colloqués comme la créance dont ils sont les accessoires.

II. *Les frais funéraires.* — Des motifs d'humanité et de salubrité publique ont fait admettre ce privilège ; il importe à la mémoire du défunt que son corps soit enseveli et qu'il reçoive les honneurs funèbres ; il intéresse aussi le reste des vivants dont la vie serait en danger par les émanations putrides qui s'exhaleraient de ce corps.

On entend par frais funéraires, tous ceux qui ont pour objet soit l'en-sevelissement du corps et le terrain nécessaire à la sépulture, soit les émoluments de la fabrique et les honoraires du clergé.

Ceux qui seront faits après l'inhumation ne jouiraient pas de ce privi-lège. Ainsi les frais de neuvaine et le deuil de la veuve. Il faut de plus que les frais funéraires aient été faits d'une manière conforme au rang et à la fortune du défunt.

III. *Les frais de la dernière maladie.* — Il s'est élevé sur l'étendue de ce privilége une question qui est vivement débattue. On s'est demandé ce qu'il faut entendre, dans l'espèce, par ces mots : la dernière maladie. Est-ce seulement la maladie dont le débiteur est mort, ou la maladie qui a précédé l'événement, quel qu'il soit, décès, faillite ou déconfiture, qui donne lieu à la distribution des deniers? MM. Duranton et Bugnot tiennent pour la seconde interpréta-tion. Ils se basent sur la généralité des termes de la loi, qui embrassent toutes les hypothèses. Et, en effet, elle ne dit point, comme dans l'ar-ticle 385, où elle règle l'hypothèse d'un décès : les frais de dernière ma-ladie. Les expressions dont elle se sert sont plus larges : « Les frais de la dernière maladie, dit-elle, sont privilégiés. »

M. Bressoles, qui tient pour la première interprétation, se contente de rapprocher les expressions du troisième paragraphe de l'art. 2101 de celles du deuxième paragraphe du même article. Quant à nous, cette dernière interprétation nous paraît la seule vraie.

IV. *Le salaire des gens de service pour l'année échue et ce qui est dû sur l'année courante.* — Il faut entendre par gens de service tous ceux dont le travail profite exclusivement aux besoins personnels du débiteur, comme les domestiques, commis, secrétaires, etc.

Des expressions même du paragraphe quatrième on a conclu que le privilége n'était accordé qu'à ceux qui étaient payés à raison de tant par an, et qu'il ne l'était pas à ceux qui n'étaient payés qu'à tant par mois ou bien à la tâche et à la façon. L'art. 2101 ne me paraît pas res-treindre le privilége à telle ou telle créance; il suffit qu'elle appartienne à des serviteurs et qu'elle ait pour objet des salaires. Les serviteurs au mois ou à la journée devront donc avoir un privilége pour la portion non prescrite de leurs salaires.

Le privilége indiqué par le paragraphe quatrième de l'art. 2101 est fondé sur deux motifs : 1° le débiteur frappé d'un malheur pourrait être abandonné par ses domestiques et privé des soins qu'une longue habitude avait presque rendus nécessaires ; 2° la créance des domestiques formant le plus souvent toute leur fortune, l'humanité commandait qu'on les protégeât contre l'insolvabilité de leur maître.

V. *Les fournitures de subsistances faites au débiteur et à sa famille, savoir : pendant les six derniers mois, par les marchands en detail, tels que boulangers, bouchers et autres ; et pendant la dernière année, par les maîtres de pension et marchands en gros.* — Le privilége n'étant accordé qu'à la fourniture de subsistances , il en résulte qu'il ne sera accordé au maître de pension qu'à raison de la subsistance alimentaire qu'il aura fournie à l'élève, et non à raison du prix des leçons et fournitures de livres, papier, etc.

Néanmoins il ne faut pas le restreindre·absolumeut aux fournitures de bouche.

Il va sans dire que les six derniers mois dont il s'agit sont ceux qui précèdent la déconfiture, faillite ou décès du débiteur, et non pas les six derniers mois de la fourniture effectuée par le créancier.

Il faut encore remarquer que si la fourniture avait cessé un mois, par exemple avant la déconfiture du débiteur, les cinq mois qui seraient dus ne seraient pas privilégiés, s'il y avait eu réglement de compte entre le créancier et le débiteur et une reconnaissance fournie par ce dernier.

§ II. — *Des priviléges sur certains meubles.*

Outre les priviléges généraux sur les meubles , il peut exister sur certains meubles des priviléges spéciaux qui ne pourront être exercés que tout autant que les meubles mêmes qui en ont été particulièrement affectés seront aliénés.

Le premier groupe se compose de créances auxquelles la loi a accordé un privilége, à cause de la faveur due à la possession, ce sont :

I. *Le créancier gagiste*. — Supposons que le débiteur ait mis entre les mains de son créancier un objet mobilier à lui appartenant pour garantir la sûreté de la créance, c'est un gage : Il sera naturel que l'aliénation de cet objet serve avant tout à rembourser le créancier gagiste, même au détriment des autres créanciers, et l'art. 2073 le déclare formellement. Les deux art. 2074-2075 règlent la constitution du gage pour écarter toute fraude; pour les meubles corporels d'une valeur au-dessus de 150 fr., il faudra un acte écrit enregistré; pour les meubles incorporels, outre l'acte écrit, sa notification au débiteur de la créance.

II. *Le bailleur*. — Le privilége qui lui est accordé est basé sur la faveur de la possession, parce que la loi le fait porter sur le prix d'objets qui sont censés avoir été tacitement donnés en gage au bailleur par le premier, pour sûreté de l'exécution du bail.

Ce privilége est accordé à tout locateur quel qu'il soit; d'abord au propriétaire bailleur à ferme ou à loyer, de même à l'usufruitier qui a baillé à ferme ou à loyer dans les limites de son droit, enfin au locataire principal qui a baillé à de sous-locataires. Ils exerceront les droits que le propriétaire aurait eu le droit d'exercer lui-même.

Ce privilége a été créé pour sûreté des loyers et fermages, et des dommages que le bailleur peut réclamer, pour défaut de réparations locatives et inexécution des clauses du contrat de bail.

D'abord, quels sont ces loyers et fermages dont parle la loi? Si le preneur tombe en déconfiture avant la fin du bail, il y aura des loyers échus et des loyers à échoir; le preneur ne pourra pas se débarrasser des loyers à échoir, car il est lié par les termes du contrat, et l'art. 1184 donne au bailleur le droit d'exiger l'exécution du contrat; de plus il pourra exiger le paiement immédiat des termes à échoir; car par le fait de sa déconfiture ou parce qu'il a déterminé les sûretés du bailleur, le preneur est déchu du bénéfice du terme.

Les autres créanciers du preneur, à leur tour, pourront user du bénéfice de l'art. 1166, et sous-louer eux-mêmes la maison ou la ferme pour le restant du bail et en faire leur profit, à la charge par eux de payer au bailleur ce qui pourrait encore lui être dû.

Mais la fraude était à craindre en cette matière ; le locataire aurait pu, d'accord avec le bailleur, prolonger la durée du bail, non d'augmenter l'étendue du privilége. Aussi la loi a-t-elle distingué les baux authentiques ou sous-seing privé, mais ayant date certaine, des baux non authentiques et sans date certaine ; pour les premiers, la fraude n'es pas possible ; aussi le privilége s'étend pour tous les loyers échus et à échoir ; pour les seconds, elle est possible : aussi la loi dit-elle qu'il n'y aura privilége que *pour une année à partir de l'année courante.*

Trois systèmes ont été produits pour l'explication de ces paroles. A s'en tenir à la lettre de la loi, on pourrait dire qu'il ne s'agit que d'une seule année, celle qui suit l'expiration de l'année courante ; on arriverait ainsi à ce résultat bizarre, qu'un contrat suspect produirait des effets pour l'avenir et non pour le présent : aussi doit-on y comprendre l'annés courante.

Quid des loyers échus ? Ils doivent également être privilégiés, la loi n'a voulu limiter les effets du bail suspect que pour l'avenir.

Le privilége portera sur les fruits de la ferme, mais sur les fruits de la récolte de l'année seulement.

Le privilége portera encore sur le prix de tout ce qui garnit la maison louée ou affermée, c'est-à-dire les meubles et tout ce qui sert à l'exploitation de la ferme.

Quid, si les meubles n'appartiennent pas au débiteur ?

Le bailleur exercera son droit s'il ignorait qu'ils n'appartenaient pas au débiteur, et il ne l'exercera pas dans le cas où il aurait su qu'ils ne lui appartenaient pas.

Les objets précieux ne sont jamais censés avoir fait l'objet d'un gage tacite.

III. L'aubergiste ou hôtelier a un privilége, pour les fournitures faites à un voyageur, sur le prix des effets mobiliers apportés par lui dans l'hôtel, parce que, dans le cas où il ne serait pas payé, l'hôtelier a évidemment compté sur ce gage tacite.

IV. Les créanciers pour faits de charge d'un fonctionnaire public soumis à un cautionnement. On entend par faits de charge, les abus ou prévarications commis par ces fonctionnaires dans l'exercice de leurs fonctions. Les victimes de ces abus ont un privilége sur le gage détenu par le gouvernement, c'est-à-dire sur le cautionnement.

Il ne faut pas confondre ce privilége avec le privilége dit de second ordre dont jouit celui qui a prêté le cautionnement ; ce privilége, qui ne vient qu'après celui des créanciers pour faits de charge, est soumis à deux conditions : 1º que le titulaire déclare par acte notarié qu'il lui a été fourni des fonds et qui les lui a fournis ; 2º que cet acte soit enregistré au trésor public.

2º. — En second lieu, la loi accorde un privilége basé sur la faveur due à la propriété au vendeur d'effets mobiliers non payés.

Quand le vendeur a livré ses effets à l'acquéreur, il a compté sur le paiement du prix ; ils ne sont donc entrés chez l'acquéreur que grevés du droit du vendeur de se faire payer par préférence à tous autres créanciers.

Peu importe que les meubles soient corporels ou incorporels. Ainsi, le vendeur d'un office ministériel non payé pourra réclamer son privilége sur le prix de cet office.

La Cour de Cassation qui a longtemps flotté à cet égard, s'est enfin fixée dans ce sens.

Peu importe encore que la vente ait été faite à terme ou sans terme ; car si elle a été faite à terme, le débiteur du prix a perdu le bénéfice de ce terme par suite de son insolvabilité.

Mais il faut que les effets vendus soient encore en la possession de l'acquéreur ; car, s'il les avait vendus à des tiers, ceux-ci seraient protégés par la maxime ; *qu'en fait de meubles, possession vaut titre.*

Il en serait autrement si la livraison n'avait pas encore eu lieu, car ils ne seraient pas possesseurs.

En outre, il faut remarquer que d'après le second alinéa du § IV de l'art. 2102, si la vente a été faite sans terme, le vendeur peut même revendiquer ses effets tant qu'ils sont eu la possession de l'acheteur et en empêcher la revente, pourvu que la revendication soit faite dans la huitaine de la livraison et que les effets se trouvent dans le même état dans lequel cette livraison a été faite.

3o. — En troisième lieu, la loi accorde un privilége basé sur cette considération que, sans le fait qui a donné lieu à la créance privilégiée, les autres créanciers n'auraient pas ce gage. Ce sont :

1o La créance de celui qui a fait des frais pour la conservation de la chose, *quia salvum fecit pignoris causam*.

2o La créance du voiturier sur la chose voiturée, car il a contribué par la voie du transport, à mettre le gage à la disposition des autres créanciers.

Est-il nécessaire qu'il ne se soit pas dessaisi de la chose? Nous ne le pensons pas, parce que la loi ne lui en fait pas un devoir ; elle s'exprime en termes généraux.

Quel rang donnerons-nous aux divers créanciers ayant des priviléges spéciaux sur certains meubles lorsqu'ils se trouveront en concours sur le prix de ces mêmes meubles, il faut classer au premier rang : les créanciers dont le privilége serait basé sur la faveur accordée à la possession, par conséquent, le bailleur sera alloué en premier rang, excepté lorsqu'il luttera sur le prix de la récolte avec le vendeur de la semence ou avec ceux à qui sont dus les frais de la récolte de l'année ; ou bien lorsqu'il luttera sur le prix des ustensiles avec le vendeur de ces mêmes ustensiles, ou bien, en général, avec le vendeur s'il savait qu'il n'avait pas été payé, ou bien encore lorsqu'il lutte avec celui qui a fait des frais pour la conservation de la chose postérieurement à l'époque où son privilége a pris naissance ; nous classerons en second rang celui qui a fait des frais pour la conservation de la chose, et en troisième rang le vendeur non payé. Dans le cas où il y aurait concours entre les priviléges généraux et les priviléges spéciaux , il parait naturel d'accorder la préférence aux priviléges généraux.

Section II.

Des priviléges sur les immeubles

Les priviléges sur les immeubles ne sont que des hypothèques privilégiées ; par suite les immeubles susceptibles d'hypothèque sont seuls susceptibles de privilége.

La loi en énumère cinq ; mais en réalité, il n'en existe que trois , sur les cinq qui sont cités ; deux sont plutôt des priviléges transmis d'une personne à une autre, que des priviléges créés au profit d'un créancier.

1o *Privilége du vendeur.*

Lorsque le propriétaire d'un immeuble l'a vendu et que le prix ne lui en a pas été payé, il a sur cet immeuble un privilége ; il devra être préféré aux autres créanciers , car ce gage de leur créance résulte pour eux du contrat d'acquisition ; ils doivent donc en respecter les conditions ; et ce privilége appartient au vendeur quel qu'il soit :

Le vendeur, outre son privilége, a un droit de résolution. On s'est demandé si le donateur avait un privilége qui assure l'exécution des charges de la donation ; la négative est généralement admise. Un donateur , dit-on , n'a pas le droit d'exiger directement l'exécution des charges comprises dans la libéralité ; il n'y a que le droit de résolution. D'ailleurs, les priviléges ne s'étendent pas d'un cas à un autre , et nulle part la loi n'a accordé de privilége au donateur. Du reste , il est bien entendu que si l'opération est une vente réelle sous la fausse qualification de donation , les juges ont le droit de le reconnaître ; car ils doivent plutôt considérer la nature de l'opération que le nom que les parties lui ont donné : *Non sermoni res, sed rei sermo subjectus.*

L'acheteur à réméré qui a rendu l'immeuble sans exiger le remboursement du prix , n'a pas de privilége sur l'immeuble ; cette nouvelle vente n'est considérée que comme la résolution de l'ancienne. La loi n'accorde

3

qu'une garantie à l'acheteur: le droit de retenir l'immeuble tant que le prix ne lui est pas restitué.

Le privilége du vendeur est quelquefois primé par des hypothèques. Exemple, j'acquiers un immeuble grévé d'hypothèques ; si je le vends , mon privilége sera primé par les hypothèques antérieures à la vente , car l'aliénation que j'ai faite de cet immeuble n'a pas pu anéantir les droits réels dont il était grevé.

2° Privilége des prêteurs qui ont fourni à l'acheteur les deniers payés au vendeur.

Si l'acquéreur d'un immeuble non payé emprunte pour payer le vendeur , le prêteur aura, sur l'immeuble acquis , un privilége ; et c'est justice, car les autres créanciers de l'acquéreur n'ont cet immeuble pour gage qu'en vertu de l'acquisition. Or, sans le prêteur, elle n'aurait pas eu lieu , et si elle avait déjà eu lieu , il est juste que le prêteur soit mis au lieu et place du vendeur, puisque c'est avec ses fonds qu'il a été dé-sintéressé.

Mais il faut qu'il y ait certitude que le prêt a eu lieu. Aussi l'article 2103, § 2, exige-t-il : « Qu'il soit authentiquement constaté , par l'acte » d'emprunt, que la somme était destinée à cet emploi , et par la » quittance du vendeur , que le paiement a été fait des deniers em-» pruntés. »

3°.   *Du privilége des cohéritiers.*

Ce privilége appartient à toute personne qui est devenue créancière en vertu d'un partage d'une chose indivise.

Si l'un des cohéritiers a reçu dans son lot des biens qui ne le remplissent pas entièrement de son droit, il lui sera dû une soulte par celui dont le lot dépassera les droits.

Si l'un des cohéritiers est évincé de son lot , il aura un recours contre les autres pour le faire indemniser de cette éviction ; c'est là la garantie du partage.

Quand le privilége est dû en vertu d'une soulte, sur quels biens porte-t-il ?

Ainsi, un partage a eu lieu entre Primus, Secundus et Tertius; Primus a reçu un lot qui le remplit complétement dans ses droits; Secundus reçoit dans son lot plus qu'il ne doit prendre; au contraire, Tertius reçoit un lot qui ne le remplit pas de ses droits, il lui est dû une soulte par Secundus et il a privilége pour son paiement; sur quels biens portera-t-il? Sur ceux de Secundus seulement, ou, à la fois, sur ceux de Secundus et de Primus?

Si l'on consulte l'esprit de la loi, il est certain que le privilége ne portera que sur le lot de Secundus, car lui seul s'est engagé envers Tertius; mais à s'en tenir au texte seul, il faut décider que le privilége s'étend à la fois sur les biens de Secundus et de Primus; car la loi accorde formellement privilége pour la garantie des soultes sur les immeubles de la succession.

§ IV. *Privilége des architectes et ouvriers.*

Ceux qui ont travaillé à construire ou à réparer un immeuble, en ont augmenté la valeur; la plus value ne profite aux autres créanciers que par suite des travaux qui l'ont produite, il est donc juste que ceux qui les ont faits en profitent par préférence à tous autres.

Les ouvriers employés à de grands travaux d'agriculture ne sont pas privilégiés; car, d'après les mots qui sont dans le texte, la loi n'entend parler que des ouvriers dont l'Etat, de près ou de loin, a quelque rapport avec l'*érection*, *reconstruction*, ou *réparation* d'un édifice; ce qui le prouve, c'est que deux lois postérieures au Code ont étendu le privilége dont nous parlons aux ouvriers employés aux travaux d'agriculture.

Le privilége n'est pas accordé sur toute la chose, mais seulement sur la plus-value résultant des travaux; car ce n'est qu'à cause de cette plus-value qu'il est accordé. Mais, comment la constater? Avant la confection des travaux on doit faire dresser l'état des lieux par un expert, nommé d'office par le tribunal. Dans le délai de six mois après la confection des travaux, il faudra faire constater la plus-value par un expert nommé également par le tribunal. Il faudra que cette plus-value existe encore au moment de l'aliénation ; le privilége ne pourra porter que sur elle, quelle que soit l'augmentation que cette plus-value ait subi depuis lors.

§ V. *Privilége des prêteurs qui ont fourni les deniers pour payer les travaux.*

Enfin , les bailleurs de fonds qui ont servi à payer les ouvriers succèdent à leur privilége, pourvu que l'on ait observé les formalités nécessaires à l'existence de cette subrogation.

Section III.

Des priviléges qui s'étendent sur les meubles et les immeubles.

Les seuls priviléges de ce genre qui soient indiqués par le Code sont ceux énoncés dans les cinq numéros de l'art. 2101. Les créanciers des frais de justice, de funérailles et de la dernière maladie, les domestiques et les marchands qui ont fait des fournitures de subsistances, ont privilége sur tous les meubles et sur tous les immeubles.

Lorsque le mobilier ne sera pas suffisant et que les privilégiés de l'art. 2101 se présenteront pour être payés sur le prix d'un immeuble en concurrence avec les créanciers privilégiés sur l'immeuble, le paiement se fera dans l'ordre qui suit : les frais de justice, funéraires, et de dernière maladie, etc.

SECTION IV.

Comment se conservent les priviléges.

Les priviléges affectant réellement la chose et donnant aux créanciers le droit de la poursuivre entre les mains des tiers, on a jugé utile, dans l'intérêt des acquéreurs, de les soumettre à la publicité. De là la formalité de l'inscription exigée par l'art. 2106.

Cet article, en subordonnant l'exercice des priviléges sur les immeubles à la formalité de l'inscription, contrarie, ce semble, l'art. 2095, suivant lequel le privilége résulte de la seule qualité de la créance. Mais non, le vrai sens de l'art. 2106 est que les priviléges, quoique inhérents à certaines créances, n'ont d'effet qu'au moyen de l'inscription. Ainsi, l'inscription forme le complément nécessaire des priviléges.

Le rang des priviléges se détermine toujours d'après la faveur de la créance, et non d'après la date de l'inscription, ce que la rédaction vicieuse de la loi semblerait supposer.

Les priviléges spéciaux sur les meubles existent par la seule qualité de la créance, indépendamment de l'inscription. Quant aux priviléges généraux, bien qu'ils s'étendent sur les immeubles, ils en sont formellement dispensés par l'art. 2107.

Par exception au principe établi par l'art. 2106, le privilége du vendeur se conserve par la seule transcription du titre (art. 2108). C'est l'acquéreur qui fait faire ordinairement cette transcription. Le vendeur peut aussi la requérir, et il a le choix ou de faire transcrire son contrat, ou de prendre inscription en vertu de l'acte dont il est porteur, même d'un acte sous-seing privé.

Le bailleur de fonds, légalement subrogé, jouit des mêmes droits que le vendeur.

Par la transcription, les droits du vendeur et du bailleur de fonds, légalement subrogé, étaient suffisamment garantis; ceux des tiers ne l'étaient pas. Dans leur intérêt, l'art. 2108 a imposé au conservateur des hypothèques l'obligation d'inscrire d'office, sur son registre, le privilége du vendeur et du bailleur de fonds. Cette inscription doit être renouvelée tous les dix ans.

L'art. 2109 fixe le délai dans lequel les cohéritiers ou copartageants doivent faire l'inscription pour conserver leur privilége sur les biens de chaque lot ou sur le bien licité. Ce délai est de soixante jours, à partir de l'adjudication ou de l'acte de partage; si le partage est fait par un ascendant, le délai court du jour de l'acceptation, s'il est entre-vifs ; du jour du décès s'il est par testament.

Les architectes, ouvriers, etc., conservent leur privilége par la double inscription : 1o du procès-verbal qui constate l'état des lieux ; 2o du procès-verbal de réception (2110).

En cas d'aliénation de l'immeuble, l'époque de cette double inscription varie suivant les hypothèses.

Par exception à la règle générale, le privilége des architectes, ouvriers, etc., n'a pas d'effet rétroactif. Il ne prend date que du jour de l'inscription du premier procès-verbal.

L'art. 2111 soumet à des conditions de publicité le droit des créanciers et légataires qui demandent la séparation du patrimoine du défunt. Ce droit est improprement qualifié de privilége. Les créanciers et légataires le conservent par les inscriptions faites sur chacun des immeubles de la succession, dans les six mois à compter de l'ouverture de la succession.

Nous avons vu que les priviléges sur les immeubles étaient soumis à la formalité de l'inscription. L'art. 2113 renferme la sanction de cette prescription de la loi. D'après lui, tous les priviléges non inscrits tombent dans la classe des hypothèques. La raison de cela, c'est que les priviléges ont eux-mêmes toute la vertu du titre qui constitue les créances simplement hypothécaires ; par suite, ils peuvent être inscrits, même après les délais fixés ; mais alors, rentrant dans le principe général des hypothèques, ils ne produisent d'effet à l'égard des tiers qu'à partir de la date de l'inscription.

Tant que les immeubles sur lesquels porte le droit de préférence ne sont pas sortis du patrimoine du débiteur, les créanciers privilégiés ont toujours la faculté de faire inscrire leur privilége, pourvu que les soixante jours accordés aux copartageants, et les six mois accordés aux séparatistes ne soient pas écoulés.

Au contraire, dans le cas où les immeubles grevés de privilége avaient été aliénés, s'il s'agissait d'aliénation forcée, le privilége devait avoir été inscrit avant l'adjudication de l'immeuble et s'il s'agissait d'aliénation volontaire, l'art. 834 du Code de Procédure civile permettait aux créanciers privilégiés d'inscrire leur privilége dans la quinzaine de la transcription de l'acte d'aliénation, excepté pour le copartageant, qui avait soixante jours depuis le partage.

La loi du 23 mars 1855 , qui a prononcé l'abrogation des art. 834 et 835 du Code de Procédure civile, a profondément modifié cet état de choses ; en effet , aux termes de l'article 6 de cette loi, les créanciers privilégiés ou ayant hypothèque ne peuvent prendre utilement inscription sur le précédent propriétaire ; cependant il fallait sauvegarder les droits du vendeur ou du copartageant de l'immeuble : en effet, il pouvait arriver qu'un acquéreur insolvable , au lieu de faire transcrire son titre d'acquisition, revende à un tiers l'immeuble acquis, puisque l'acquéreur n'a pas fait transcrire , le privilége du vendeur primitif, n'a pu être inscrit d'office par le conservateur des hypothèques ; par conséquent si le second acquéreur fait transcrire et paie avant que le vendeur originaire ait pu se mettre en règle , ce dernier, d'après la nouvelle règle posée par l'art. 6 , § 1 , aurait définitivement perdu son privilége , ce qui eût été bien rigoureux ; aussi le § 2 du même article ajoute : « Néanmoins » le vendeur ou le copartageant peuvent utilement inscrire les priviléges » à eux conférés par les art. 2108 , 2109 du Code Napoléon , dans les » quarante-cinq jours de l'acte de vente ou de partage, nonobstant toute » transcription d'acte faite dans ce délai. »

Procédure Civile.

***

Des actions en général. - Du tribunal où se portent les actions.

Art. 59. — 60.

L'action est le droit que nous avons de poursuivre en justice la prestation de ce qui nous est dû ; les actions sont de trois sortes : les actions personnelles, réelles et mixtes.

L'action personnelle est celle qui tend à la constatation d'un droit de créance où d'obligation dont le caractère est d'être relatif.

Les actions réelles tendent, au contraire, à la constatation d'un droit réel dont le caractère est d'être absolu. Le droit réel peut être mobilier ou immobilier ; il y a donc des actions réelles, mobilières et des actions réelles immobilières ; mais au point de vue de la compétence, il n'y a pas de distinction à établir entre les actions pures personnelles et les actions réelles mobilières.

On entend enfin, par matières mixtes, celles qui participent à la fois des matières personnelles et des matières réelles, ainsi que nous l'indiquerons plus bas. Nous allons maintenant transcrire l'art. 59 et étudier successivement ses diverses dispositions.

Art. 59. — En matière personnelle, le défendeur sera assigné devant le tribunal de son domicile; s'il n'a pas de domicile, devant le tribunal de sa résidence;

S'il y a plusieurs défendeurs, devant le tribunal du domicile de l'un d'eux, au choix du demandeur;

En matière réelle, devant le tribunal de la situation de l'objet litigieux;

En matière mixte, devant le juge de la situation ou devant le juge du domicile du défendeur;

En matière de société, tant qu'elle existe, devant le juge du lieu où elle est établie;

En matière de succession : 1º sur les demandes entre héritiers, jusqu'au partage inclusivement; 2º sur les demandes qui seraient intentées par des créanciers du défunt, avant le partage; 3º sur les demandes relatives à l'exécution des dispositions à cause de mort, jusqu'au jugement définitif, devant le tribunal du lieu où la succession est ouverte;

En matière de faillite, devant le juge du domicile du failli.

En matière de garantie, devant le juge où la demande originaire sera pendante.

Enfin, en cas d'élection de domicile pour l'exécution d'un acte, devant le tribunal du domicile élu, ou devant le tribunal du domicile réel du défendeur, conformément à l'art. 111 du Code Nap.

Première et seconde dispositions. — Actions personnelles.

La première disposition de l'article 59 exige que toute demande personnelle soit portée au tribunal du domicile du défendeur: on s'est demandé si le changement de domicile de ce dernier entrainerait le renvoi de la cause devant le juge du nouveau domicile?

La négative est indubitable: s'il en était autrement, il serait impossible d'atteindre un débiteur de mauvaise foi ; une vie errante le mettrait à l'abri de toute condamnation.

Pour le même motif, l'action réelle commencée devant le tribunal compétent peut être continuée devant ce tribunal, quoique la partie des biens qui avait donné lieu au procès soit attribuée à un nouveau ressort.

La deuxième disposition de l'article 59 doit elle recevoir son application lorsque les défendeurs ne sont pas obligés d'une manière égale et semblable.

M. Chauveau pense que cette disposition ne doit s'appliquer qu'au cas où tous les défendeurs sont obligés d'une manière égale et semblable. En sorte que si l'obligation d'une personne est accessoire à l'obligation d'une autre, c'est le domicile du principal obligé qui détermine la compétence.

Troisième disposition. — Actions réelles.

On nomme actions réelles toutes celles par lesquelles on revendique comme nous appartenant, une chose certaine et déterminée, ou un droit attaché à cette chose.

Cette action naît du droit que quelqu'un a dans la chose ; elle la subit conséquemment et s'exerce contre tous ceux qui la possèdent.

Une question se présente relativement à la troisième disposition de l'article 59, lorsqu'il s'agit d'une action en bornage pour des biens situés dans divers arrondissements.

On a décidé que le tribunal compétent était celui où se trouve la partie des biens qui présente le plus grand revenu d'après la matrice du rôle.

Quatrième disposition. — Actions mixtes.

Une action mixte est, nous l'avons dit, une action qui est tout à la fois réelle et personnelle. Les Romains qualifiaient ainsi les trois actions, *communi dividundo, familiæ erciscundæ, finium regundorum*

Mais en Droit français ces actions ne sauraient être considérées comme mixtes, puisqu'il existe pour chacune une attribution spéciale de compétence.

En Droit français, on considère comme mixtes toutes les actions qui, étant principalement et par leur nature actions personnelles, tiennent néanmoins à la nature de l'action réelle, par rapport à quelque chose qui leur est accessoire. Le type de l'action mixte en Droit français me parait être l'action que le vendeur non payé intente pour rentrer faute de paiement du prix dans la propriété de la chose vendue; on se demande si le demandeur qui a cité son adversaire en conciliation devant le juge de paix du domicile, n'a pas l'option pour l'ajournement, entre le lieu de la situation et celui du domicile : on répond que oui, et en effet c'est avec raison, car la disposition de l'article 59 serait illusoire; cette faculté d'option entre le domicile et la situation n'existerait plus.

Cinquième disposition. — Actions en matière de société.

Les demandes en rescision de partage ou en garantie des lots entre associés, doivent être soumises au tribunal du lieu où la société a existé; quoique en thèse générale, dit M. Pigeau, la compétence du tribunal du lieu où la société était établie finisse à sa dissolution; néanmoins, la Cour de Cassation, s'en tenant au texte de la loi qui ne fait aucune exception à cet égard, a rendu un arrêt le 16 mai 1829, fondé sur le principe général, qui veut qu'en matière personnelle le défendeur soit assigné devant les juges de son domicile; et c'est avec raison, car quels sont les termes de l'art. 59 *tant que la société existe?* d'où la conséquence que la règle générale reprend sa force lorsque la société n'existe plus.

Sixième disposition. — Actions en matière de succession.

S'il y a eu partage d'une partie des biens de la succession, en sorte qu'il soit resté quelques biens indivis, on ne devra pas assigner pour le partage de ces biens devant le tribunal du lieu de l'ouverture de la succession, parce que la seule convention de laisser l'immeuble en commun, est considérée comme un partage de l'hérédité.

Une succession s'ouvre en pays étranger, l'action en partage des biens immobiliers de cette succession, situés en France, devra-t-elle être portée devant le tribunal du lieu de l'ouverture ? On ne le pense pas, car si la loi autorise les étrangers à succéder aux biens situés en France, ce ne peut être que conformément à la loi française ; la loi le dit en termes exprès : « De la même manière que les Français. »

S'il n'y a qu'un immeuble à partager, ce sera le tribunal de la situation ; s'il y en a plusieurs, ce sera le tribunal du domicile du défendeur ; s'il n'y a pas de défendeur domicilié en France, ce sera celui du domicile du demandeur, si lui-même est domicilié hors du territoire, ce sera le tribunal de la situation d'un des biens a partager.

L'action d'un créancier contre une succession dévolue à un seul héritier, doit-elle être portée devant le tribunal du lieu de l'ouverture ? Non, c'est au tribunal du domicile de l'héritier que doit être portée l'action. L'art. 59, § vi, n'attribue la connaissance des affaires au tribunal du lieu de l'ouverture que jusqu'au partage. Or, dans l'espèce il n'y a pas de partage ; il faut donc suivre la règle générale et l'action devra être portée au tribunal du domicile de l'héritier.

Septième disposition. — Actions en matière de faillite.

Les dispositions de l'art. 59 n'ont évidemment été établies que dans l'intérêt du défendeur. Or, l'intérêt d'un cohéritier est d'être assigné devant le juge du lieu où la succession s'est ouverte, parce qu'il est plus facile au défendeur de fournir à ce juge les instructions nécessaires : il en est de même de l'associé qui a, sous ce rapport, plus d'avantages à plaider devant les juges du lieu où la société a son établissement ; on peut dire la même chose du failli.

Huitième disposition , actions en garantie.

Notre article , en décidant que la demande en garantie sera portée de-

vant le juge où la demande originaire sera pendante , indique suffisamment qu'il n'entend statuer que pour le cas où il s'agit d'une action en
garantie formée incidemment pendant le cours de l'instance sur le principal ; car s'il s'agissait d'une action principale en garantie dirigée après
jugement définitif rendu sur le procès originaire , il faudrait appliquer les
principes généraux. Cependant il faut se rappeler la disposition de l'art.
181 qui , dans le cas de garantie incidente, donne au défendeur la faculté
d'obtenir le renvoi devant le juge de son domicile, s'il parait par écrit ou
par l'évidence du fait que la demande originaire n'a été formée que pour
le traduire hors de son tribunal.

Enfin l'art. 59 dispose que , en cas cas de domicile élu pour l'exécution
d'un acte , le demandeur pourra porter la demande devant le tribunal de
ce domicile ou devant le tribunal du domicile réel du défendeur ; il faut
prendre garde que les parties ne peuvent par une élection de domicile attribuer juridiction à un tribunal , c'est-à-dire déroger aux règles géné-
rales sur la compétence *ratione personæ*, qu'en restant toujours dans les limites de la compétence *ratione materiæ*.

Nous devons maintenant dire un mot de la disposition spéciale conte-
tenue dans l'art. 60.

Le législateur a cru devoir déroger aux principes généraux pour les
demandes relatives aux frais exposés par les officiers ministériels , tels
sont ceux :

1o Frais des greffiers qui ne se seraient pas fait payer d'avance les ex-
péditions ;

2o Ceux que les avoués ont faits pour leur partie ;

3o Enfin ceux des huissiers et des notaires pour le réglement de leurs
avances et vacations ; avoués et huissiers pour les actes de leur ministère
dans les affaires et instances de leur tribunal.

Le législateur a pensé avec raison que le tribunal devant qui ces frais
ont été exposés seraient plus en même que tout autre d'apprécier les dif-
ficultés qui pourraient surgir à leur occasion , et, en outre , qu'il était
juste de permettre aux officiers ministériels de porter leurs demandes devant leur propre tribunal plutôt que d'aller devant un tribunal éloigné ré-

clamer le montant de leurs frais composés toujours en partie d'avances et déboursés quelquefois considérables.

La disposition de cet article doit s'appliquer non-seulement entre les parties elles-mêmes , mais encore entre leurs héritiers.

La jurisprudence admet aujourd'hui sans hésiter que l'art. 60 doit être appliqué non-seulement en faveur des avoués et autres officiers ministériels , mais encore contre eux.

Par conséquent , les demandes dirigées contre des avoués en restitution de frais indûment perçus devront être portées devant le tribunal auquel était attaché l'avoué , quand même le défendeur ne serait plus domicilié dans le ressort de ce tribunal au moment de l'introduction de l'action.

Droit Criminel.

Du pourvoi en Cassation contre les jugements et les arrêts en matière de simple police, en matière correctionnelle et en matière criminelle.

Les voies extraordinaires ouvertes contre les jugements sont les recours en Cassation et la révision.

1° Cassation.

Il y a ouverture à Cassation lorsque les juges se sont écartés des dispositions de la loi dans leur application ou leur interprétation et lorsque les formes prescrites pour l'instruction et la procédure ont été omises.

Une institution était nécessaire pour assurer l'application et l'observation de la loi et pour maintenir son interprétation uniforme : c'est cette juridiction suprême qui annulle, s'il y a lieu, les arrêts des Cours d'assises contre lesquels un recours est porté devant elle.

Nous trouvons du reste, dans l'ancien droit, une institution qui correspond assez exactement à la Cour de Cassation telle qu'elle existe chez nous. C'est le conseil du roi devant lequel sont portés les arrêts des parlements, arrêts qu'il annulle et casse toutes les fois qu'il y a inobservation des règles de procédure, violation ou fausse interprétation de la loi.

Sous l'empire de la législation intermédiaire, le conseil du roi ne sera pas en harmonie avec le nouvel état de choses. Il fut donc supprimé ; mais le besoin de cette institution judiciaire se fit sentir bien vite et l'Assemblée nationale organisa la Cour de Cassation par un décret de 1790.

Depuis lors, cette juridiction souveraine a subi quelques modifications dans son organisation et ses attributions ; la dernière loi qui y est relative est de 1815.

Il y a ouverture à cassation dans trois cas :

1º Pour incompétence et excès de pouvoir.

2º Violation ou inobservation des formes prescrites par la loi à peine de nullité.

3º Fausse application ou fausse interprétation de la loi.

Délai du recours en cassation.

Aux termes de l'art. 373, le recours en cassation en matière criminelle doit être formé dans les trois jours, mais la loi a établi, dans plusieurs cas, des délais particuliers (art. 374.)

Ainsi, le pourvoi dirigé par le ministère public contre l'ordonnance prononçant l'acquittement d'un accusé ou contre ce qui aurait précédé cette ordonnance, ne pourra être interjeté que dans les vingt-quatre heures. Mais ce pourvoi ne pourra avoir lieu que dans l'intérêt de la loi et sans préjudicier à la partie acquittée. (409 Inst. Crim.)

Il y aura lieu à un semblable pourvoi dans le cas par exemple où sur un verdict qui ne serait pas complétement négatif, il aura été prononcé une ordonnance d'acquittement, au lieu d'un arrêt de condamnation.

De même, l'art. 412 dispose que la partie civile pourra se pourvoir contre la disposition de l'arrêt qui mettrait à sa charge des condamnations civiles supérieures à celles réclamées par la partie acquittée ou absoute. C'est une sanction du principe que les juges ne peuvent accorder *ultra petita.*

Le Code d'Instruction criminelle accorde par son article 171 tant au ministère public qu'aux parties intéressées, la faculté de se pourvoir par la voie du recours en cassation contre les jugements rendus en matière de simple police ou contre les jugements rendus par les tribunaux correctionnels sur l'appel des jugements de police ; le recours devra avoir lieu dans la forme et dans les délais prescrits pour les matières criminelles et correctionnelles.

Comment sera formé le pourvoi?

Le pourvoi doit être fait par une déclaration au greffe. (373 — 417.)

Lorsque le pourvoi émane de l'accusé, cette déclaration suffira pour que le ministère public soit présumé en avoir connaissance.

Mais s'il émane du ministère public ou de la partie civile, pourra t-on supposer que l'accusé en soit prévenu? L'article 418 a prévu ce cas et dispose que le recours devra être notifié dans les trois jours.

Dix jours sont accordés pour recueillir les pièces à l'appui.

Ces pièces sont transmises au ministère de la justice qui dans les vingt-quatre heures les fait parvenir au greffier de la Cour de Cassation ; cette Cour doit statuer dans le mois.

Pour empêcher que les pourvois ne soient faits témérairement et dans le seul but d'arrêter l'exécution des jugements, la loi a établi une amende contre celui qui succombe dans son recours.

A cet égard l'article 419 mentionne le montant de l'amende, qui est de cent cinquante francs, ou de la moitié de cette somme si l'arrêt est rendu par contumace ou par défaut.

Sont dispensés de l'amende, 1° les condamnés en matière criminelle, 2° les agents publics pour affaires qui concernent directement l'administration et les domaines ou revenus de l'Etat.

En sont dispensées les personnes qui justifient d'un impôt au dessous de six francs; elles qui produisent un certificat d'indigence, délivré par le maire, visé par le préfet.

Lorsque l'arrêt ou le jugement aura été annulé (article 437), l'amende consignée sera rendue sans aucun délai.

En matière criminelle, le prévenu qui veut se pourvoir contre la con-